POEMS

OTHER BOOKS BY THE SAME AUTHOR

Pearls and Lace

The Silence of Parents

Tãcerea pãrintilor

Gyöngyszemek / Pearls and Lace

Treasures and Pleasures

Family History

POEMS

A collection of verses in
English
Hungarian
Romanian
French

By Susan Simpson Geroe

Design by Susan Simpson Geroe

ISBN 978-1-257-12141-0

Published by Lulu.com
April, 2011

*With everlasting love to my dear parents,
Armin and Maria, and my sister, Zsuzsanna*

CONTENTS

FOREWORD

Poetry, a form of creative writing, has its origin from the Greek word "poieo", meaning, I create. Its format is in verse or prose, in which the author expresses emotions, or tells a story using language in a way that differs from ordinary discourse. Poetic language has its own rhythm and often makes use of rhyme, repetition, assonance, imagery, and even poetic license to achieve the aesthetic expression.

How did I ever come to write poetry, or rather, try to write poetry? Two factors come to mind. My parents taught me to recite a long poem by the age of four. It was the poem The Eighth Grade, written by poet Emöd Tamás, who lived in my hometown many-many years before I was born. I received many praises, and I even liked it because it repeated several times names that belonged to some of my friends. While realizing only much later the seriousness of the theme the author aboarded, this poem stayed with me to this day.

From very early on, possibly as early as an elementary school student, I became aware that I had an aunt who wrote poetry. Yet, I have never seen her work until I became an adult. My own poetry writing started around age twelve, when a very well liked extended relative died of heart failure. She was a relatively young woman, either in her late thirties or early forties and she was the first person I knew closely to have died. I wrote my first poem about the event of her death and how it affected the family, and me, personally.

Writing poetry for me was not an exercise in writing and I could never write unless someone or an event truly touched me emotionally. In all my years, I tried to keep emotions at bay and perhaps that was one of the reasons why my poems were so few in number.

In my French literature courses I spent long hours analyzing poems from the point of view of form and structure. When it came to my own poetry writing, those were the last elements that ever worried me. Although my poems seem to be somewhat traditional, at least when it comes to rhyme, they don't conscientiously follow any rule. I like to write about family, friends, episodes of my life, and emotions I feel that merit the challenge poetry writing imposes on me.

Another matter about poetry - I find it easier to write than to translate. Nevertheless, I managed to translate my aunt's poems from the original Hungarian into English, and although I was satisfied with the deed, I was never sure about the end result. One fact is certain - not only do you have to know the two languages in question to perfection, but you have to almost become the other person. You must be literally in the original poet's skin to know what he or she thought and felt at that given time.

That in short, very short, is my relation and approach to poetry. What I wrote came from true emotions, most often spontaneously. Don't try to find too many poetic elements, figures of speech, principles, and rules, for I wasn't preoccupied with them. Just let it flow and enjoy!

English Poems

DAYDREAMING

I'm sitting by the kitchen window
Looking through the glass.
My eyes stare at the sidewalk,
Yet, my lids are closed to rest.

It's so nice and warm in here,
Everything's so clean.
The balmy fragrance of my mother
Reassures me and I start to dream.

Quietly, my eyelids open
To meet the arriving guests...
Two ladies and two little girls,
Followed by a long black dress.

Oh! I know well who they are!
And my eyes grow in wonder.
What will Mother say at the sight?
Our missing family is back alright!

For I knew, my two aunts were there,
My cousin Agnes, and my sister too.
They were hoping we lived here,
But my grandma was sure, she knew.

My little hands were wiping tears of joy,
As my dreams were fading slowly.
Now, on the sidewalk I could hear
My real aunts' high hills clicking boldly.

RAINBOW DREAMS

Veronica of Transylvania
Enjoyed her life immensely.
Loved her friends, parents too,
And her pet chicken, Lulu.

Once with Pupa, her best friend,
She decided to leave and pretend
Taking a trip far away
In time and place, one sunny day in May.

They'd travel east, west, up and down,
Through the countryside or a big town.
They'd find a rainbow and a good witch
Who'd gift them toys and make them rich.

The journey was not meant to be
As it was snapped in the bud early
By one wicked witch of a neighbor
Who turned the dream into a shiver.

INVITATION

Not invited, you say?
I'll toss a golden watch your way
to show the power I possess:
I can offer failure or success.

By voting, they quickly chose
from friends and foes
the most powerful man to be
in the land
of the Brave and Free.

He wore the watch with pride and joy,
a little boy with a new toy,
when a present from an unknown source
came shaped as a wooden horse.

While appraising the gift with respect,
never did he imagine or suspect
the horse to charge with blasting force
to destroy his home without remorse.

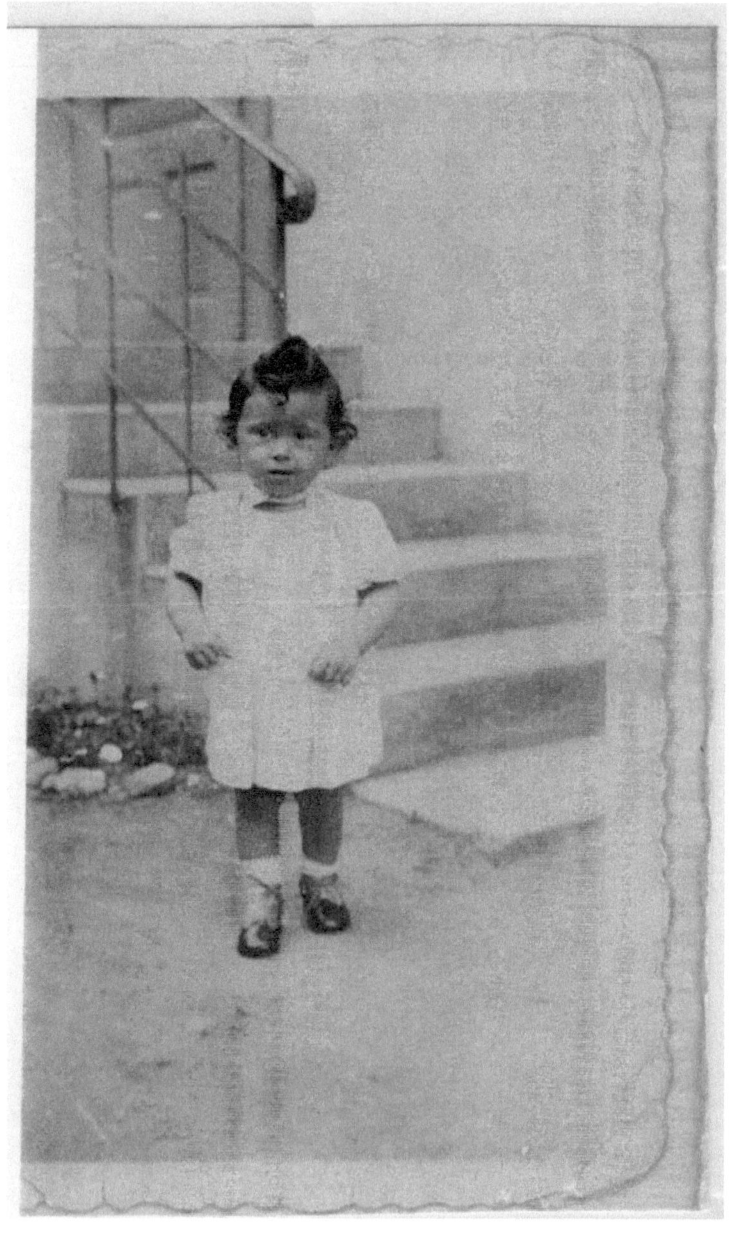

SILENCE

In two years, I haven't said a word
to you and even now, I hesitate.
For I've made only empty promises,
allowing those years to go to waste.

It was a time of gain, a time of loss;
A time to cry with joy, a time to mourn
the loss of our cousin Marika,
Hail the birth of your grand niece, Gabika.

Life goes on, it slides smoothly at high speed.
It's April; I'm thinking of you indeed,
wondering if you can see me these days
and love me still in spite of my mistakes?

GRANDPARENTS

I was no one's granddaughter,
Never been addressed as such.
Though I used to wish so much
To feel a grandy's tender touch.

Her smiling and indulging eyes
Would penetrate my little heart.
I could smell the sweet aroma
Of her freshly baked tart.

And I longed to hold the hand
Of a peaceful, calm, grandfather.
A teller of fairy and other
Happy tales in rainy weather.

Many had two grands - father and mother,
I had none - no sister and no brother.
I was alone, for the sister I had
Died in a cold gas chamber,
Not even in her bed!

I was nobody's granddaughter,
Had no grands - father or mother.
A friend is my sister;
Another a brother,
But I have a real granddaughter!

BACK HOME

I went home yesterday
To celebrate my birthday.
I went home alone,
To enjoy and to atone.

All of you were there,
With loads of food to prepare.
Favorite dishes,
Meat, potatoes, relishes.

I felt great, young, happy,
Pain free and lucky.
Crowned fully by innocence,
Never by pretense.

I went back alone
To enjoy and to atone,
For the love I need so much
And to feel your touch.

WHY?

The vast field spreads its green,
Nature has reinvented herself.
Yet something painfully sad inside me
Resurfaces, gnaws, stabs without mercy.

The Sun shoots its darts in yellow glow
From its ice cold shining rigid bow.
It observes my life without a word,
The wind blows, my tears remain unheard.

Nature spreads new seeds world over,
Yet, it finds me sitting in my corner
Observing life as it passes by,
Repeating my perennial, rhetorical -WHY? -

Near the sunlit frozen smokestack,
In the frosty field of green,
I see your lovely little face,
Your intolerated innocence
By the mighty superior race.

YOU are that field covered in dew,
YOU are in every blooming flower,
They've been yours now for over fifty years.
Yet, when dew changes into tears,
In my heart, you are still only two...

MISS YOU

Did anybody help my little sister?
If yes, where is she now?
Did anyone take pity on her soul?
She was only two years old.

Who has seen my little sister?
The red head little babe?
Her huge brown eyes were quiet
In grandma's arms, as they took them away...

Today was your birthday.
You would have been fifty-three.
My little baby sister,
I bought you a tree.

I miss the times that could have been,
The times we never knew.
May you rest in peace, my darling,
I will never forget you.

AUNTIE DEAR

All I knew about you was a name,
Little pictures and a black grave,
A yahrtzeit candle every year
Reminded me of you - auntie dear.

I knew of you since I remember
As no other family member.
For your candle burned on the day
Which happened to be my Birthday!

My childish anger had no bounds
When I heard the crying sounds
Of Mother and my other aunts
On my Birthday - dear aunt.

The child and anger have but vanished.
Mother, Kismama, Iren - all perished.
And guess who of nowhere did appear?
None other than You - my auntie dear!

Now I know you in another way
From little notebooks with pages fray.
The little schoolgirl, innocently begging
"Please remember me when reading..."

The melancholy young poetess
Who questions life's complacent tasks,
The sad young woman philosopher
Who feels the winds of nearing danger.

The woman who survived a living hell,
Who screamed with anger and despair.
Then, suddenly tired, took refuge in dreams
And woke only by her nightmare's screams.

Lost, you dream walked for a while
And when your Mom appeared from the sky,
You plunged into her arms - all the way,
On June fifteenth.... my very Birthday.

Now that we know each other better,
Let's forgive ourselves forever.
You for my anger, I for the candle.
Rest in Peace - and good-bye Auntie dear.

FEELING AUSCHWITZ

When you were in Auschwitz, you felt its world
of smell, noise, silence, its language of despair.
Muted shouts, bleakly empty eyes were everywhere,
with images of death and anguish floating in the air.

You witnessed the loss of identity in its every form,
lost everything you ever thought to be your own,
from name to hair, from looks to the sense of taste,
it all went up in smoke, like those burned in haste.

Untimely deaths from land to heavens reigned,
as grandparents, brothers, sisters, young and old
were being choked to death only a few meters away,
while the nerve-wracking music blared untamed.

Around you, shouts in Yiddish and Polish abounded.
They sounded like orders, but were they really that?
How could you tell, when you didn't understand?
And they looked at you as if they owned the land.

In only two days, you felt brain dead and numbed.
Still, those days stayed with you always and forever,
assuring you never forgot what you've seen and felt
there yesterday, today, and tomorrow - wherever.

Can such a story be told in a vivid coherent way -
you ask of those who listen, then conclude:
It cannot be told to make one feel what it really was
to breathe that scorched air and taste those savage laws.

I'm sorry for what happened, your grief and all the pain,
the useless deaths of our loved ones, all in vain
at the whim of the most heinous, idiotic ideology,
the biggest crime ever committed in recorded history.

May we all live in peace from now onto ever.
May we all learn to love and tolerate each other.
May the memory of our dear ones be remembered
in love, and may You find peace in all of the above.

AND LIFE WENT ON

There was a time when life was good,
When Jewish families had a livelihood
Like most of their neighbors all around,
Living peacefully within the city.

Though it occurred from time to time
That here and there went up a sign
Trashing the Jew and his family,
Accusing them of Holly blasphemy,

Of amassing Christian money,
Or in appearance looking funny.
And other such small insignificance
Slid over, with no resonance.

Then, Jews were to keep low profiles,
Not to antagonize the Gentiles.
And so, for a few more years
They survived among their neighbors.

The day came when art took over.
A painter had offered a new order:
'Let's make a better world, Jew free!'
As his memorable gift to humanity...

Neighbors stood by, some did agree
To letting their Jewish friends go free
On a one way trip, as a family,
In the cattle car ride to history.

Away they went, and when some returned
To their old neighbors' great amazement,
Most all of them wondered, together and apart:
Who cheated them - the painter or his art?

For now, their voices had to be low
If they did not wish to taste the blow
The righteous could today deliver
As down payment for the free show
They provided so graciously, not long ago.

ROOTS

Dajdi the great patriarch
Took Gittle, the Babi
As his wedded wife.

Together they brought up
Twelve brave children-
Boys - seven and girls - five.

The Babi was strong and quiet,
Loved by one and all,
A woman of small silhouette.

The white bearded Dajdi sat
And was telling old stories
To grandchildren on his lap.

While combing through his beard,
They all listened mesmerized
To what the old man would impart.

They loved the gifts of pennies
The two of them have brought,
May their memories please God.

And a great gift Dajdi and Babi had
From their God - as both of them
Died of old age in their own bed.

RAINY QUESTIONS

Why is it that I only write
When the weather turns sad?
Is it perhaps that my tears
Turn into words instead?

And does the rain inspire
To quietly cry inward?
That no one else would know
And feelings wouldn't show?

My meager inspiration ran away
As quickly as it came,
For the front door opened
To rob what I wished to convey.

TO MY FRIEND

My dearest, dear friend,
I tried to call, I couldn't.
How to express what I feel?
How to help you now to heal?

I'm sitting in a pensive mood,
Hoping my lines would not intrude
And worsen the pain in your soul
That I so much wish to console.

Life is a cruel game sometime,
Which teaches us to lose.
But when loss turns into abuse
The game becomes a crime.

To add yet another life to the mass
We already lost in our short lived past
Is inexplicable, unnecessary and rude.
No one should ever know its magnitude.

Yet, for what its worth may be
Remember, we're here for you.
Our love will hold steady and true
As we let go dear Uzi's spirit, free.

TO MY FRIEND, JOANIE

Our friendship was a longtime commitment:
For richer or poorer, for better and worse,
In honesty and respect, in love and in care,
To listen, reassure, and always-always be there.

We celebrated with joy, hope, and trust for the future,
Analyzed the world, books and movies with passion,
Spent many New Years together, had some great times
And also supported each other with tears in our eyes.

You taught me to speak words I only read in books:
Project, condescend, exacerbate, and more...
I loved your neatness and your confident warning
That things would always look better in the morning.

I will miss you Joanika - your laughter, your voice,
The greeting cards, your good counsel, your phone calls.
For forty-five years, we stood for each other, until the end.
Thank you, sweetheart, for being my dearest friend.

MEMORIAL

*How long ago have we talked?
Days, or only months, since
I begged your help? The response
You sent me I did not like.*

*I said I would accept anything
In my confused desperation,
In that irresolvable situation
Faced by judging and hurting.*

*No way to explain to anyone,
Even to you, for that matter.
Sensitive souls can only wonder
In a senseless world without fun.*

*And so, amends are made to redress,
Accepting all that comes my way.
Yearning for what's not there today
Hoping for peace, love, and no stress.*

MY AUNT

My aunt Sári died this morning.
My heart aches with grief,
My tears won't stop pouring.
I shake my head in disbelief.

I thought she'd live forever,
Her voice was reassuring.
Her mind was crystal clear,
Her heart pure, and sincere.

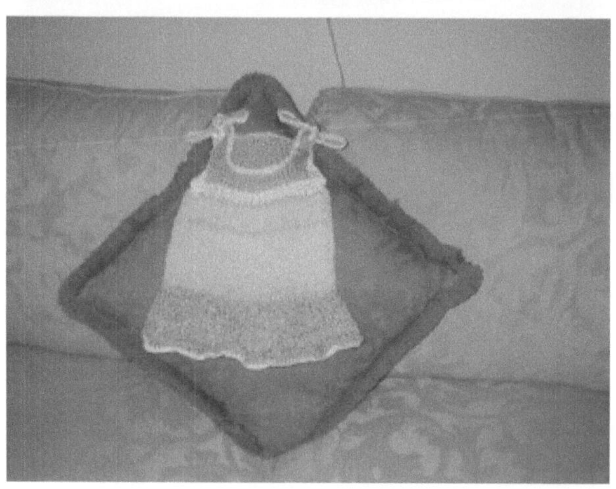

"SARIKA" - MY FIRST GRANDCHILD...TO BE

Your birth date is some weeks away,
I'm thinking of you often, everyday.
And await your entrance in my life
With glee, happiness and delight.

For months I've been knitting, creating
Little outfits for you to have, to hold...
And while I was working, we were conversing,
Time and distance nonexistent, unconcerning...

In every stitch, I knitted love, my darling,
And those stitches are now abounding!
Yet, I'd like to give you even more.
Knowing that with time, there shall be
more love than before.

I never knew my grandparents' joy,
Nor have I held anything they have created.
Perhaps by tightly stitching my love for you
In little clothes, that emptiness filled, it closed.

So eagerly am I awaiting your arrival,
Looking forward to your dear smile,
Hoping to hold you close in the golden sunlight
And to share with you the love of generations
from my heart.

WELCOME GRANDDAUGHTER!

As the year renewed itself,
Anticipation filled the air.
A new life was expected,
A brand new family heir.

It had special meaning to our lot
Decimated fifty years ago.
Victory for us, mankind and ego,
We go on, accomplish and grow.

You came into a more peaceful world,
A fresh flower, ready to bloom.
The year started brightly and well,
Welcome, our sweet Gabrielle!

SURVIVORS

The inner circles of my soul
Circumnavigate a tiny sea,
Reveling in lively colors,
Cruising the dateline of history.

The sky was dark with angry clouds
That poured forth tears of led.
And in this gray of seasons, a tiny bud
Took life and stepped ahead.

Life stopped and all were mesmerized
By the blooming little flower,
By the miracle of naughty Nature
Who can pulverize to ashes, cause demise,

Then change its mind
Like a capricious woman,
Entertain, make happy,
Sing, dance, and compromise.

So many wonders out at sea,
Ports to visit, walk and gaze!
Save to memory the pleasant
To recall on rainy days.

Exploring Nature is so fashionable,
Questions abound and only multiply.
Yet, the answer is so simple -
We are Nature, you and I.

THE KISS

Mornings of golden sunshine,
Ebony of star gazing nights,
I can feel your smiling eyes
Sending shivers through my spine.

The sweet of orange blossom
Overflows my every sense
And this dream is so intense,
It pulls me into a deep trance.

Luscious lilacs and a red rose
Of pure velvet to the touch
Caress me tender as I watch
My soul in your eyes repose.

Lively springtime showers,
Balmy summer rain...
Their melody in my brain
Grows into a field of flowers.

And in this fragrant colorful ellipse
We stand embraced so tenderly.
Eyes searching soul with glee
As our lips touch in a hungry kiss.

I see it in your eyes, breathe it all around,
I touch it with my mind,
I hear it in your voice,
I taste it on your lips - that lovely, blissful kiss.

STONE AND GEM

I promised over and over again
to stay away from the desire
of touching you, yet always flopped
like a twirling, dizzied moth at night,
attracted, led only to the blinding light.

When the sun flamed its cool blaze
on the impenetrable frozen crystals
of your heart, inviting my tender kiss,
You cruelly pointed your sharp edges
and stung my staggering soul, my lips.

I could wonder for hours, days and years,
or perhaps a lifetime to unwind the tale
of what really changes you in a flash
from the roughest, stubborn crystal
into a refined diamond, then white ash?

THOUGHTS OF PEACE

It is the duty of the parent
To teach honesty to child.
The duty of the elder
To calm, appease the wild.

Let sunshine in your hearts
To slowly melt the bitter spite,
Confined in frigid heartless ice
By an endless winter's lies.

When you respect yourself
And know your value's worth,
The hate your heart once nursed
Will change to trust at first,

Then trust will change to care,
And care into love for fellow men.
Then, and only then, will there be
Eternal Peace in Jerusalem.

THE OWL AND THE HUMMER

Once upon a time, on a rainy wintry day
In thoughts, a little hummer flew far away
Into the deep forest, on a narrow wavelength,
Where an owl greeted her with: "Coincidence!"

They started talking about many things, not few
Of which be common to both, so they quickly knew
They each found something special at the cusp of time
When the old century faded, the new began to shine.

They shared so many stories, the friendship grew so fast
That the little hummer felt she was put to test
Defending the hours she spent with her new friend,
As it seemed to loved ones a most curious trend.

The owl wanted more and decided to see
What this little hummer's looks might really be.
"For I prefer intelligence over beauty,
Yet, I can forgive silliness if she's really pretty."

This is how the wise bird thought and flew off to meet
Face to face his newest conquest of the humming breed.
He liked what he saw - colorful feathers and eyes...
"The challenge to get her is worthy, a real prize."

The owl was faced with a strange predicament:
Choosing between now or a picture precedent
He has seen of her in a colibri yet state,
Far away in time, far away in space.

And as it happened, he made the wrong choice,
Never listened to the hummer's protesting voice.
Then, Time flew away with colibri and hummer,
Leaving the owl to yearn for a new summer.

YOU

You, only you
Can make my brain explore
Those sweet thoughts
That often hide
In the atoms of my mind.

If I give you what you'd like,
I'm afraid the outcome
Could prove fatal to all,
As we wouldn't be able
To stop that rolling ball.

JOY

Time, the only constant in life
Changes us all as it glides by
So quietly, serenely, unassuming,
A gentle breeze, caressing, eluding.

One day, a fiery sunburn
On a white delicate skin,
Now it feels deliciously warm,
Soon you taste its potent sheen.

If it brings along a puckish child,
The most devilish of them all,
Beware, for it will sneak up,
Beginning with a slow crawl.

Once it started walking, talking,
Giggling, cuddling, snuggling,
Humming sweet melodies, kissing
To bemuse and send you spinning,

It will follow you everywhere,
It will be with you everyday.
In a hot air balloon when you're way up,
Or down here in every little spot!

There is no place for you to hide,
You can't even take off for a ride.
When you sleep, when you scribble,
It will bedevil you, enfant terrible!

And if you tell her you can't see
Where she's hiding, where she'd be,
An impish sparkle will ring suddenly:
"Look in here! Can't you see?"
I'm in the upper left pocket
of your Tee".

words
WoRdS words words
WORDS
Words words WORDS
Words words words
Words words WORDS
words
WoRdS words words
WORDS
Words words WORDS
Words words words
Words words WORDS
words
WoRdS words words
WORDS
Words words WORDS
Words words words

TOUCHING

Words are all we can share
You and I together.
One for love, one for a caress,
For a sweet kiss, yet another.

How can I embrace you though
With a slinky, sliding word?
To hold you tight, then let you go
To fly away free as a bird?

To press your face to mine
With a single luscious word,
To kiss off from your lips
The sweet taste of wine?

Words of love and words of worry,
Words of joy and words of glory.
That is all we'll ever have,
Until the day we're both dead.

Hungarian Poems

A NAGYVÁRADI BAROSS UTCA

Esténként csukott szemmel járom
régi utcáidat, de nem találom
gyermek korom kedves Baross házát,
kedvenc kertem szilva fáját

melyre sokszor probáltam felmászni
sikertelenül. Nagyon kellett vigyázni.
De a meggyest sikerült meghódítani,
belöle szép piros fülbevalót akasztani.

Hátúl, az üres udvarban állok,
az ecet fán leveleket csodálok.
Odébb, Anyú régi liba ketrecei,
melynek szönyege, igazi tengeri.

Hátsó szobánk kicsi ablakábol
sokat nézegettem én e tájra,
gondolván a finom liba májra
mely kaccsintott rám a tálbol.

Nézek a kert orgonás végére,
a mosókonyha külön épületére.
Buxusos francia kert rozsáival,
Illatozta lakásunkat árnyával.

E kis francia kert virágos ágya
nézett a ház elöudvarára,
s ott, a ball hármas lakáshoz
három lépcsö vezetett ajtajához.

A lepcsökhöz nincsen támaszkodó,
jobbra a konyha ablak, elöl az ajtó.
Balra a két cement könyöklö "állat"
jelképeztek az én álom paripámat.

Ime, nyillik az ajtó s belépek
a fekete-fehér cementes elöszobába.
Ballra a szalonba - jobbra a konyhába,
hová is nyissak be? Mindegy, hiába!

A szobába, hová a sok emlék
füz - sírás, iskola elötti esték,
párnában polyálva a rekamén
örökké baba akartam maradni én.

Úgy békésen tudtam megpihenni,
A bombátol nem kellett rettegni,
a németek sem jöttek bántani,
szüleim megtudtak engem védeni.

Késöbb, a hátsó szobában az ágy
mögött állt az én elsö zongorám.
Kissé kopott, nagy-nagy fekete de lágy
hangú régi szerszám volt a Karl Bonwitzkám!

Tovább tartok; a fürdöszobában
keskeny ablak néz a lifthof tájra.
Villanyspór, mosdó könyökcsö nélkül,
Elöttem áll mindannyiatok képe, emlékül.

Az elöszobábol a konyhába
nyitok be és kérdem hiába:
"Anyuci, merre vagy?" Hiányolak.
De válasz nem jön és vak az ablak.

Csenben, kedvenc helyemre beülök,
a kék szekrény és a Vesta spór között.
Jó meleg van s én csak blokkolok.
Vajon este Csilitöl új tollat kapok?

Bekukkantok a cseléd szobába,
rejtélyes sötét órás kamrámba,
hol hosszan zsebórákat bontogattam
S régi ezüst pénzekkel játszottam.

Ki andalgok és a speizba megyek.
Kutatok, de a stelázsik üresek.
Nincs a bödön, sem a tej a földön.
Idömet itt is hiába töltöm.

Lassan leülök az asztal elé,
nézek a nagy falinaptár felé.
Ezer kilenc száz ötven hármat ír,
ébredezek s a lelkem csenben sír,

mert ez a ház nem létezik többé,
nem látom a keskeny járda szélén
soha ki jön hozzánk vendégségbe.
Elmúlt, most már el kell mennem.

EN haladok a kis járda szélén,
a kapúalján ki a ház elé.
Nézem a szines csengö gombjait,
de nincs itt semmi ami felvídit.

Igy örökre búcsú - Isten Veled!
Visszavarázsolni úgysem lehet
e házat, melyhez ezer emlék kötött,
a szép Baross utca tizenötöt.

VÁRADI CSILLAGOK

E csillag jelképe a múltnak
Mely egyszer ragyogott e tájon,
Egyvonalban a magas Holddal
Ezüst fényes, békés éjszkában.

Ember emberre felnézett még akkor,
Öszinteség, szorgalom volt a jelszó.
Zsidó - Keresztény, megbecsülték egymást
Mindannyiúk tisztelték a vallást.

Évek szálltak, s az úszitás magja
Vad gyommá változott.
Keresztények zöme, nagyja
Rávarrták a zsidókra a sárga csillagot.

A csillagok végül sötét éjbe fulladtak
Mig a Váradi harangok új kort kongtak
Büszkén, hevesen, de fals ütemben,
Hazúdva, félrevezetöen, egyetemben.

Egy fekete márványkö áll jelképként
A szomorú égbe kiáltó árváknak,
Az elpusztúlt Váradiak hangjának,
Tiszteletre búzditva, szeretetre tanítva.

TAVASZI ILLATOK

Itt ülök magam elött nagy lomhán
S kitekintek a fátyolos ablakon át
A bárány felhös égszinkék égboltra
Mely felé lengedezö ágak hajladoznak
S mint Istenhez úgy imádkoznak.

Ha festö lennék, de nem vagyok,
Ha verset irnék, de nem tudok,
Lerajzolnám, megmintáznám,
Amit én itt szemeimmel érzek,
Narancsfák alatt ülve, az égbe nézek.

Nézek fel az örjitö napsütötte égre,
Beszippantom millió kis fehér virág
Múzsáját, mely mézédesen bóditó,
Csalogató, dúdoló, tudat alatt csábitó,
Kábitó, lelkem mézes tejjel tápláló.

Ellenállni próbálok, viaskodok
Magammal, velük párbajozok,
De ök mégjobban rázengik,
Könyörögnek, s kéregetik,
Menjek velük, távol, messze.

Tartsak velük, pedig nem akarok
Menni se velük, se egyedül oda.
De megragadnak, visznek, szállunk,
A légürben nevetgélünk, kiabálunk,
Én - "nem megyek", Ök - "nem hallúnk".

"Leszált a csöndes éj, nyugszik a város"
Dúdolja valaki felettem,
Valaki tart az ölében,
Karjaiban, ringat csendben,
De a csendet feldulja a csilingelö
Villamos - itthon vagyunk - biztos.

Leszállunk most mindhárman,
Megyünk haza, lelkem örvend.
Engem ölben visznek, a fekete csend
Uralkodó éjben, visznek haza, oda,
A Baross utcába.

Érzem, hogy ez nem lehet való
Hisz minden oly rég elszált,
Nincs Anyú, nincs Apú, nincs a ház,
Sem a dal, sem a régi villamos,
Csak az emlék játszik velem most.

Mégis meleg, édes félálomban merengek,
De Anyú kulcsai csörögnek a zárban
S kinyitják álmos szemeimet tágra,
Beküldenek az udvarba,
A francia kertbe, a buxusba,

Hátra, hogy a meggyfát mászam,
A bercencei szilvafát megrázzam,
A fehér meg a lila dupla orgona
Dúsan bús lombjait megcibáljam.

Más illat az, és milyen más ez itt,
Szempilláim csak nézik, nézik
Ezt az égszinkék eget, amely alatt
Nem látni most semmi mást
Csak a mézes narancsvirág illatát.

MERENGÉS

Gesztenyefák árnyékában
Folyó partján sétálok,
Mosolyognak tulipánok
Napsütötte virág ágyban.

Lépteimet felgyorsítom,
Nehogy arcom elárulja,
Szerelmesek összebújva
Okozzák mély zavarom.

Gondolkodom én így csendben,
Vajon hol és merre jársz?
Nem keresel? Nem találsz?
Találkozunk az életben?

Sok viz folyt le a Körösön
Azóta, én rég felnöttem,
Messze, messze elkerültem
És most újra kérdem halkan,
Csendben:
Ha rám találsz,
Elengedsz
Engem ?

GONDOLAT

Keskeny, szürke udvar rész
Nyomasztóan szembe néz
Velem, ki régi helyet keresek,
Egy csonka föld nyelvet lelek.

Kis sámlidon ültél itt valaha
Virágos, szép háttérben.
Tizián vörös tincseidben
Fénylet kis fehér pánglika.

Anyánk megörökitett itt Téged
Egy szép takaros kis udvarban.
Eltünt a sámli, fehér masni hajadban,
E ház s az udvara most ócska, tépett.

Az idö elfolyt mint a Körös vize,
Jót és rosszat elsodorva némán.
Az élet megy tovább, néha döcög,
Elfelejtett Téged a Vámház utca 9 szám.

De az én szívemben itt élsz
Te két éves fehér masnis kisleány!
S néha-néha hozzám vissza térsz
Mikor rám köszönt a magány.

MAGDA

Apró gyönggyel tele írt kis füzet,
Sirató könnyekkel locsolt betüzet.
Szivedböl könnyek tava árad
Úgy siratod drága jó Anyádat.

Probálsz kapaszkodni az életbe
Értelmet adni életednek a jelenben
Mely szürke, ködös, némán bonyolúlt
Hol te csak lebegsz mint annyi nyomorúlt.

Lelked szárnyai bénultan vernek
Kisírt szemeid álmokat szöni mernek
Azokrol akiket annyira szerettél,
Anyádrol, ki végig szivedben bennél.

Aztan rájöttél, hogy kell választani.
Igaz szivvel nem birod eljátszani
Az élet rád mért nehéz szerepét.
S te, inkább lemondtad a fellépést.

Nagy fájdalmadban gondolni nem birtál
Azokra kik szeretnek - akiket itt hagytál.
Te benned csak a múlt szeretete élt,
A jelen és a jövö neked nem remélt.

Verseidben sokszor félve féltél,
Hogy feledni fogják azt, hogy éltél.
Ime, távozásod úgy tervezted,
Hogy én még ismeretlenül sem feledhetlek.

Gerekkori haragom már elmúlt,
Szeretteid sirása már rég elfúlt.
Részemröl, sajnálom Magduska drága,
Hogy csak így találkoztunk - gyöngyszemes
verses
irkába...

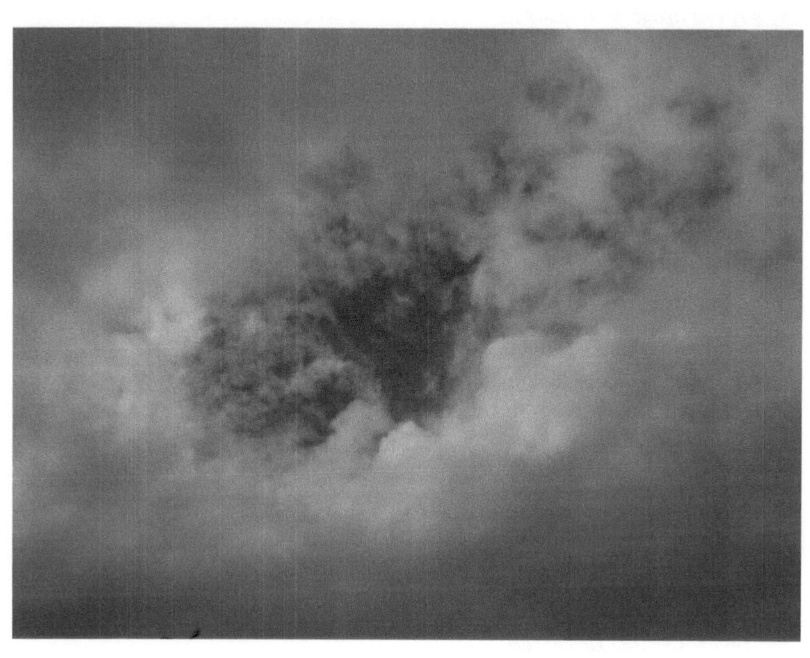

ÓPERENCIA

A Kis Hercegnél hat millió csillag évvel odébbi bolygon, a Kelet-Nyugati Óperencián, immár több mint ezer éve kézen fogva lebegtünk, szállingóztunk mindenfelé, együtt nevettünk. Mindketten tisztában voltunk azzal, hogy attol az érától kezdve mikor az Óperangyal megáldott, a kezenfogás szigorú törvénnyé válott: "Mindaddig mig egyetlen feltételét meg nem szegítek, együtt és örökké boldogok lesztek."

Mikor Ópermamám elöször beszélt erröl nekem, bevallom, hogy egy kissé féltem. De ö nyomban megnyúgtatott, mosolygott, simogatott.

"Ha Óperpárod megtalálod, mindörökké boldog leszel, mig egymás kezét fogjátok, örömben éltek, meglátod," mondta kedvesen, selymes hangjan én nekem.

"Miért, miért Ópermama?" érdeklödtem nagy buzgóan.

"Azért, mert ha egyszer elengeded párod kezét, soha nem fogtok találkozni többé," válaszolta szomorúan. "Nagyon körülményes lehet," tette hozzá, de én már nem figyeltem, hiszen így is eléggé féltem.

Na, el is határoztam, nem fogom én senki kezét meg egyhamar, nem akarok semmi féle szomorúságot, bukfencezek inkább mint hogy lebegjek, de később netán egyedül esedezzek. Mert én hittem Neked Ópermamám és a szomorkodástol nagyon tartottam, ám!

Es hogy mi történt egy szép Ópersütött napon! Hát elébem bukkantál és úgy megfogtad a kezemet, erösen, de nagyon, hogy én még mukkani sem mertem, hisz rózsaszín szemeimet a te sárgáidrol le sem vettem, úgy örültünk egymásnak, mi ketten... Nem volt ott többé kezen fogó kérdés, azután egyfolytában csak úgy lebegtünk a boldogságban. Néha oktattál, néha csókoltál, néha neveltél, néha bókoltál...

Szenvedélyesen örültem neked mindaddig míg egy Óperzivataros délután, így szoltál a Feneketlen Tó partján:

"Ópermadár, én ezt a játékot megúntam. Szeretnék újat keresni, masfelé menni, nyugodtan."

Tudtam, ha ezt mondod, törvényeink szerint nem szabad visszatartanom, így csendben maradtam, nem válaszoltam, csak nagyon elszorúlt a szivem, hisz elöttem repült tova életem. Aztán mégis megkérdeztem:

"És engem akkor soha sem akarsz látni többé?"

"Dehogy nem, te kis Óperliba! Majd utánnam jösz szépen, hisz egyszerre nem mehetünk, azt jól tudod éppen."

Igaz, azt tudtam. Azt is, hogy van egy távirányitó s egy képlet is létezik, amely szerint ki lehet számitani mikor kell a Feneketlen Tó elé állni, a hét egész hetvenkét mili mikron huszonnyolc harmincharmad pillanatában a tó *mélyére nézni, s így, kis szerencsével egy Ópermadár elillanhat párját elérni. Mikor mindezt átgondoltam, tiltakozni probáltam, de szavaid emlékeztettek, hogy ennek semmi értelme nem lehet.*

"Okos Ópermadár vagy te, megtanitottalak Óperszámolásra, csak a törtekkel vigyázz, hogy jó helyen köss ki, nehogy elhibázd! Na most, itt a távevezö varázs szemüveg, ha ezt viseled, tudni fogod biztosan mikor az ideje, hogy utánam gyere pontosan."

Aztán, olyan hirtelen, hogy a lélegzetem is elállt, elengedted a kezemet, eltüntél mint a délibáb. Évekig még ott hevertem a tó mellett amíg valamennyire is magamhoz tértem, nélküled. Viseltem a varázs szemüveget, jártam én a tóhoz, örömödet láttam, bánatodat sajnáltam, nem hivtál magadhoz. Így nem mentem.

Egy par ezer év múlva, hirtelen homályos lett szemüvegem, amit láttam rajta elriasztott, rengeteg félelmetes fekete csillag csüngött a Földi égen, de oly sok, amennyit nem láttam régen. Tudtam itt baj van, most az idö indulásra, "Jajj nekem" kiáltoztam, de kész voltam a kézfogásra. Kevés volt az idöm pontos számitásra, s mivel távevezöm elvesztettem, szemmértékre magamat a tóba vetettem, készen a repülö uszásra.

Röpködésem közepette, egy percig sem gondoltam arra, hogy nem jó helyre pottyanok, hisz okos volt a golya. A törtekkel viszont egy kis hiba esett, egy fél harmincharmaddal tévedtem vissza felé, egy keveset. Ez most azt jelentette, hogy hiába estem a Földre pontosan ahol te voltál, elmaradott pöttyöm létemre, hangomat is csak valami fúrcsa egybefolyt kornyikálás leplezte.

Képzeld, az utcán mellettem haladtál, észre sem vettél, s hiába probáltalak elkapni toló ágyambol, még csak rám sem hederitettél! Pedig már neki álltam üvöltözni, siró hangommal üldözni. A sirásomnak az lett a vége, hogy valami nagyon fura Földihez vittek, aki megnyomkodott, megszurkált, s azt mondta, ha még ordítok, vigyenek hozzá majd vissza és majd egy injekciót kapok. Na ez jól megijesztett, mert megtanultam, hogy itt a Földön fájdalom is létezik, ami esetleg bosszúságbol is keletkezik.

Késöbb, nem tudom hány év múlva, kezdtem rájönni a Földi dolgokra, hogy itt nem úgy mennek azok mint otthon ám, az Óperencián. De azért sosem adtalak fel teljesen, pedig egy idö múlva eltüntél csendesen, én meg csak vártalak, reméltem, hogy az idö eltelik felettem. Ott ragadtam abban a Földi városkában, mivel biztos voltam, hogy egy nap csak visszatérsz, nem leszel örökké hontalan. Vissza is jöttél, de az a rettenetes törtszám hiba, az még mindig ott lebzselt, az otromba, engem lelassított, téged évekkel elém gyorsított. Ráadásúl, valami olyan szédületesen gyors kerekeken száguldoztál, repültél, hogy szinte bele kergültem még csak követni is szemeimmel. Igy nem követtelek.

Egy nap aztán rá untam, sértödötten felkerekedtem, s azt mondtam, "hát csak maradj magadnak, bátyám-uram!". Azt gondoltam, rajtad a sor, most már nekem elegem volt ebböl a játékbol, talán ugyanúgy mint akkor neked, mikor elengedted a kezem. Igy ment ez hosszú éveken át, amíg egy nap szépen megöregedtünk Földi években, egyaránt. Amikor az ÓperNet a Földre ért és kék hullámain eveztünk, hirtelen, egymásra bukkantunk és mekkora volt az örömünk! Emlékszel? Sokáig tartott amig mindent elbeszéltünk, a sok mindent ami itt történt lent a Földön velünk. Mindig közel voltunk, vagyunk, mégis milyen messze, mi csak az Óperencián illettünk össze. Ezért hát úgy határoztuk visszamegyünk egyszer, kézenfogva, örökre együtt lenni, szállingózva lebegni.

Én ugyan,
Földi eszemmel elfelejtettem a régi képletet,
de mindig biztam a te eszedben,
s ha nem is a szerelmedben,
az emlékekben,
a szeretetben.

Romanian Poem

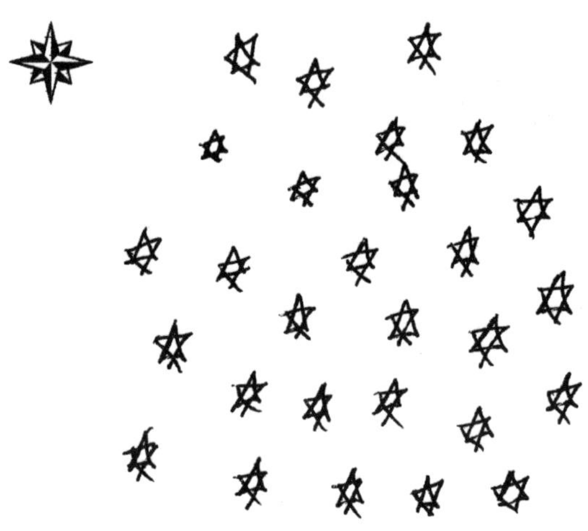

PRIMĂVARA 1944

A fost odată, dar nu-n povesti,
Ba fost-a niciodată...
Familia mea cea mare
A fost distrusă dintr-odată.

A început cu un cosmar
Si-a continuat cu stele.
Paradisul s-a înnorat,
Căci monstrul si-a scăpat din piele.

Ca un gaz rătăcitor el năvălea
De la un capăt către altul.
Si tot ce-i stătea in cale tăvălea,
Viclean, prădas, îti răpea sufletul.

De acest luceafăr te păzesti,
Să nu-i fi obstacol în cale.
Opune-te, dar nu-ndrăznesti
De frică să nu te omoare.

Căci esti de unul singur pe Pământ,
Nimeni nu te apără, nu te-ndrăgeste,
Ba chiar demonul e primit in sfânt
Si pâna si vecinul, victima goneste.

Iar cerul inghetat, privind de sus,
Pămantul instelat in galben il vedea.
A'ntzeles atunci că soarele a apus
Intr-un somn indelungat la Oradea.

LIBERTÉ

ÉGALITÉ

FRATERNITÉ

French Poem

LA CHOIX

Sois sage mon coeur, mon frère,
Sois sage mon âme, ma mère.
Allez doucement vous deux!
Cette vitesse m'empêche,
Je suis encore dans la crèche.

Je viens de me naître hier soir
Pendant une nuit sans espoir
Òu je chassais un arc-en-ciel,
Toute cette nuit blanche,
Òu la pluie a pris sa revenche.

Et toute la journée m'a pleuré
De grandes larmes qui m'ont énnervée,
Qui m'ont empêchée de penser.
Mais l'après-midi m'a montré
Ce dont j'ai attendu l'arrivée.

Sois sage mon coeur, mon frère,
Sois sage mon âme, ma mère.
Ce matin mes yeux sont ouverts,
Je vois et sens ce grand désert.
J'ai faim, j'ai soif, je suis mince,
Òu êtes-vous, mon petit Prince?

Photo Index

Photos, images and drawings not otherwise noted are part of Ms. Geroe's private collection, others as marked. City trams are from www.Tramclub.org collection.

www.ingramcontent.com/pod-product-compliance
Ingram Content Group UK Ltd.
Pitfield, Milton Keynes, MK11 3LW, UK
UKHW041927190726
13854UKWH00003B/1484